L46
Lb
141

Lb 141.

OPINION

SUR

LA CHARTE QUI NOUS EST ANNONCÉE.

Plus l'homme, souvent trompé sur ses véritables intérêts, a de penchant à céder à des passions désordonnées, plus le nœud qui l'unit à ses semblables doit être tissu par la sagesse.

A PARIS,

Chez DELAUNAY, Libraire au Palais-Royal.
23 avril 1815.

OPINION

Sur la Charte qui nous est annoncée.

Une nouvelle Charte constitutive nous est offerte :

Sera-t-elle le complément de nos lumières sur l'organisation sociale ? Va-t-elle enfin, d'une manière stable et positive, établir nos droits et nos devoirs tant intérieurs qu'extérieurs, et cimenter parmi nous l'ordre et le bonheur ?

Tout doit nous le faire espérer. Tout nous porte à le penser.

Une considération majeure s'offre à mon esprit, et je ne crains pas de la présenter à mes concitoyens.

Quelque avantageuse que puisse être la Charte, quelque parfaite que nous la présumions, nous ne pouvons le prononcer ; nous ne pouvons la juger sur-le-champ.

La Charte ne peut être reçue par enthousiasme.

J'estime que par nous-mêmes elle a besoin d'être pesée, d'être discutée, d'être débattue. Tant de points sur nos principes, sur nos pouvoirs sont si délicats, si importans. Sans prétendre enchaîner notre postérité, nous espérons aussi travailler pour elle. Il nous faut l'examen le plus approfondi ; à tous les yeux comme à tous les cœurs, les avantages de la Charte en deviendront démontrés.

Les circonstances où se trouvent la France sont considérables. Elles ne doivent point influer sur notre Charte constitutive. Si elles nous la rendent toujours plus importante ; si elles nous prouvent de plus en plus combien celles qui ont précédées ont été foibles, sans garantie, ce nous est une raison, un devoir de méditer celle-ci, s'il se peut, avec plus de soin, de profondeur ; s'il se peut, avec calme et génie.

Toute circonstance est mobile et éphémère, et les principes qui nous constituent sont éternels.

« Que la Charte constitutive donc, qui va nous
« être présentée, un moment débattue par tout
« ce que nous avons d'âmes fortes et généreuses,
« soit ensuite confiée, pour dernière rédaction,
« à un nouvel examen d'hommes, revêtus par
« la volonté générale, souveraine, de cette mis-
« sion sacrée. »

Puissent enfin cesser toute prévention, toute animosité, toute lutte, toute haine, toute idée d'intérêt personnel mal entendu, s'il n'est fondu dans la masse !

Puisse le seul bien public, objet de notre

amour et de tous nos vœux, devenir enfin notre partage !

Est-il des moyens de l'obtenir ?

Je l'estime et je propose le décret suivant :

DÉCRET (1).

ARTICLE PREMIER.

En ce moment il a été fait appel aux armes !....
Aussitôt qu'il va être déclaré qu'elles sont déposées, trois mois sont donnés pour la publication de tout écrit politique. Neuf exemplaires de chaque en sont adressés au ministre de l'intérieur, qui en fait donner récépissé.

II.

Dans le délai de trois mois, à dater du jour

---

(1) Ce décret offrant le moyen d'une exécution stricte et sèche pourroit d'abord être passé, recourant à la page 15.

Il offre l'idée de substituer à la dénomination d'*assemblées primaires* celle d'*assemblées-sections de la souveraineté*.

Il énonce quelques précautions nécessaires, notamment l'art. III ; à l'oubli de cette mesure j'attribue tous les maux qui assiégèrent l'assemblée constituante. Il ne régna plus de liberté d'opinion.

Qui donc eut le malheur de solder ces intrigues ?
Il s'y mêla des étrangers.
(Ce vers échappe au sentiment.)

fixe de la déclaration de la pose des armes, une commission formée d'un député par département, est convoquée au chef-lieu de l'empire.

I I I.

La garde qui entoure la commission est formée de trois propriétaires de chaque arrondissement, nommés par le conseil d'arrondissement sur inscriptions volontaires. Ils sont équipés, armés à leurs frais. Le logement au chef-lieu de l'Empire leur est seul fourni ; la garde est remplacée par tiers chaque mois pendant la durée des travaux constitutifs.

I V.

La garde du chef-lieu de l'Empire, pendant la durée des travaux du corps constitutif, est confiée à la seule garde nationale.

Nul corps d'une armée soldée, nul militaire en faisant partie (s'il n'y est depuis six mois domicilié) n'approche de trente lieues du chef-lieu de l'Empire.

V.

Dans le délai (au plus) de deux mois la commission des députés des départemens, distribuée par cinq à neuf membres, fait le dépouillement, et ensuite le rapport en commission réunie et publique des divers écrits formant projets de Charte constitutive ; et tous les députés, à leur demande, sont, en leur assemblée, sur a Charte, successivement et publiquement entendus.

V I.

Ces préalables remplis, la commission nomme en son sein, en scrutins séparés, et pour chacun en un seul tour de scrutin, à la majorité absolue des suffrages, une nouvelle commission de neuf membres.

Au cas où chacun des neuf tours de scrutin n'a pas donné la majorité absolue (la moitié des voix plus une), il est pourvu à la nomination complète par la voie du sort parmi les membres restans des députés, non désignés par le scrutin. Ceux non élus se retirent.

VII.

Cette commission de neuf membres est divisée en trois bureaux. Ils n'ont entre eux aucune communication.

Ils prennent chacun pour base de leur travail séparé la présente Charte qui nous est présentée, et celles de nos précédentes années; les écrits mentionnés en l'art. I, les rapports qui en ont été faits, et les discours motivés des députés des départemens.

VIII.

Dans le délai de deux mois, chacun des trois bureaux émet son projet distinct d'une Charte constitutive. (Il en peut-être émis neuf.) Elle doit renfermer en elle-même les moyens d'être revue et perfectionnée; elle-même toujours restant subordonnée à la volonté générale souveraine.)

IX.

Les députés des départemens ne peuvent de deux ans faire partie d'une autorité centrale ; ne peuvent être membres des cours de justice.

X.

Le Peuple français, à dater de huit mois de la date précise de la pose des armes, est convoqué par arrondissemens de sous-préfectures en assemblées primaires, portant le titre d'*assemblées-sections de la souveraineté*.

Au cas où une commune réunit une population de plus de soixante-dix mille âmes, il y est formé plusieurs assemblées, au terme moyen d'une population de quarante à soixante mille âmes.

XI.

Y sont seuls appelés et admis les Français

reconnus offrir en eux-mêmes une garantie suffisante de tous les droits que la société doit maintenir.

« A toute condition morale et à celle de majorité, joignant la possession d'une propriété foncière tant qu'industrielle constatée, d'un revenu net d'une valeur déterminée. »

Ce revenu est fixé pour les habitans des campagnes à la valeur, au prix de deux fois 365 journées de travail, évaluées au total à 730 francs. Il est de trois fois ce prix, à un total de 1,095 francs de revenu pour les habitans des villes (la main-d'œuvre y étant élevée).

XII.

Chaque assemblée, dix heures du matin, se constitue sous la présidence provisoire du plus ancien d'âge.

Les trois plus anciens et les trois plus jeunes maires de communes présens, sont scrutateurs provisoires.

XIII.

Il est fait à la fois six appels par les maires, sur une liste rédigée par le sous-préfet, par lettre alphabétique et par communes des membres ayant droit de voter.

X I V.

A l'appel, chaque membre nomme au scrutin le président définitif sur trois tours de scrutin (s'il y a lieu), les deux premiers tours à la majorité absolue des suffrages de tous les membres présens. Le dernier est seulement à la pluralité relative, réunis sur les six ayant eu le plus de voix, ou les plus âgés à égalité de suffrage.

X V.

Le secrétaire est de même nommé seul.

X V I.

Six scrutateurs sont ensuite nommés en une même liste à la pluralité relative.

X V I I.

L'assemblée constituée sur la déclaration du président, agréé par l'assemblée, prononce (sauf le recours des parties aux tribunaux) sur l'admission de ses membres.

X V I I I.

Le président préside l'assemblée, y maintient l'ordre, énonce les diverses opérations à s'occuper, accorde la parole, rappelle les orateurs a l'objet précis, interdit toute question étrangère, au besoin invite a conclure, à toute réclamation, consulte l'assemblée ; il en fait exécuter les ordres.

Il soumet toute question à l'assemblée, reçoit et constate toute opposition. Il signe les procès-verbaux acceptés par l'assemblée.

XIX.

Aux ordres du président la garde de l'assemblée est formée des jeunes gens de l'arrondissement de dix-sept ans à vingt-un.

XX.

Nul homme armé n'est souffert dans l'assemblée.

XXI.

L'assemblée exprime son choix sur l'un des projets qui lui sont offerts.

XXII.

Le vœu de l'assemblée est transmis par un de ses membres, qu'elle nomme au scrutin individuel à la majorité absolue des suffrages, et qu'elle député vers l'autorité centrale sous le titre d'envoyé.

XXIII.

La masse des envoyés des assemblées-sections de la souveraineté fait le dépouillement public des votes.

Au cas où ils ne donnent pas une majorité absolue, une discussion solennelle s'en établit entre les envoyés. Les procès-verbaux de la discussion, ainsi que de son résultat, seront rapportés aux assemblées-sections de la souveraineté.

XXIV.

Elles ont à émettre une seconde fois leur vœu sur l'un des projets.

XXV.

Leur vœu est rapporté par un nouvel envoyé.

XXVI.

Le dépouillement en est refait au chef-lieu de l'empire, par la masse des envoyés.

XXVII.

Est adoptée la Charte constitutive du projet,

ayant réuni le plus de suffrages : ces envoyés la proclament.

XXVIII.

Tout membre d'autorités préexistantes, tout Français est tenu de s'y soumettre.

XXIX.

Les envoyés des départemens restent réunis jusqu'à la mise en activité de la nouvelle Charte constitutive.

XXX.

Ils ne sont revêtus du caractère d'envoyés des assemblées-sections de la souveraineté, au plus que pour trois mois.

XXXI.

En cas où des empêchemens retardent la mise en activité de la nouvelle Charte constitutive, les envoyés des assemblées-sections de la souveraineté, dès l'ouverture du troisième mois, appellent de nouveaux envoyés. Ils convoquent la tenue des assemblées-sections de la souveraineté.

XXXII.

Les envoyés des assemblées répondent sur leurs têtes, de l'exécution littérale de la Charte adoptée.

XXXIII.

Est déclaré n'être plus Français, et banni du territoire, l'individu qui lui refuse obéissance.

XXXIV.

Au cas de prolongement de désordres, les mesures prescrites aux art. XXIX, XXX, XXXI et XXXII, sont itérativement renouvelées.

XXXV.

La Charte obéie, la mission des envoyés est terminée. Ils ne peuvent de deux années être membres d'une autorité centrale, être membres de corps de justice.

Ils rentrent dans la classe de simples citoyens.

C'est pour eux qu'est dressée la Charte constitutive.

XXXVI.

De l'élection des membres de la commission mentionnée à l'article II.

Les assemblées primaires, sous le titre d'*assemblées-sections de la souveraineté*, et aux conditions et modes ci-dessus prescrits, sont convoquées (une première fois) six semaines (jour fixe) après la déclaration de la pose des armes.

XXXVII.

Elles nomment, chacun en son sein, trois membres, sous le titre d'électeurs au chef-lieu du département.

XXXVIII.

Y réunis dans les vingt jours, ils y nomment, au scrutin et à la majorité absolue des suffrages, le député du département énoncé en l'art. II.

XXXIX.

Ils lui adjoignent un suppléant.

Fin du Décret.

Tel est dans tous ses détails et ses moyens d'exécution le mode, que j'estime devoir nous faire parvenir à notre but.

Que la voix de la raison puisse se développer, puisse se faire entendre ! que le vœu public soit éclairé et non forcé ! Il le devient toujours lors qu'inopinément un seul projet lui est offert sans lui laisser d'autre moyen de se soustraire à l'anarchie.

Tout peuple s'appartient à lui-même, et toute autorité créée doit rester subordonnée à la volonté générale souveraine.

Cette autorité peut proposer des changemens, mais non les déterminer.

C'est à la volonté générale souveraine à les peser elle-même, à les débattre, à leur donner pour base des principes positifs, non spécieux, avoués, et reconnus par elle.

Seuls ils lui peuvent apporter vérité, justice, force, industrie, gloire, paix et bonheur.

S. de Franchieu.

Senlis (Oise), 23 avril 1815.

P. S. J'aurois pu confirmer ces idées par l'exposé de principes vrais.

Ils seront le sujet de la Charte constitutive que j'appelle.

Le préambule de la Charte contitutive (ai-je dit quelque part) n'offrira pas une simple exposition de droits et de devoirs, susceptibles d'une interprétation trop souvent funeste.

Sa première partie nécessaire sera l'exposé des principes de nos lois politiques, civiles, de police, de justice distributive et répressive, et des principes d'administration, résumé en quelque sorte des principes. (Bases du corps social et règle de toute conduite, tant intérieure qu'extérieure.)

Le gouvernement (deuxième partie de la Charte) sera d'autant parfait qu'il sera la plus juste application des principes.

DE L'IMPRIMERIE DE MAME FRÈRES.